CODE PRATIQUE

DES

USAGES LOCAUX

DU CANTON DE

GRAULHET (Tarn)

Ayant FORCE OBLIGATOIRE DE LOI dans les contestations les plus fréquentes entre Propriétaires, Fermiers, Métayers, Maîtres-Valets, Locataires, Domestiques, Patrons et Ouvriers.

AUGMENTÉ

1o **Des REGLES à suivre en matière de Police Sanitaire, Vices rédhibitoires et Maladies contagieuses des animaux domestiques.**

2o **De la LOI du 9 Avril 1898 sur les**

ACCIDENTS DU TRAVAIL

Complétée et modifiée par les Lois du 30 Juin 1899, du 22 Mars 1902 et du 31 Mars 1905.

Par G. PICAREL

Ancien Avoué de Première Instance
Juge de Paix du Canton de Graulhet (Tarn)

MAZAMET

IMPRIMERIE GATIMEL & CIE

1905

CODE PRATIQUE

DES

USAGES LOCAUX

DU CANTON DE

GRAULHET (Tarn)

Ayant FORCE OBLIGATOIRE DE LOI dans les contestations les plus fréquentes entre Propriétaires, Fermiers, Métayers, Maîtres-Valets, Locataires, Domestiques, Patrons et Ouvriers.

AUGMENTÉ

1o **Des REGLES à suivre en matière de Police Sanitaire, Vices rédhibitoires et Maladies contagieuses des animaux domestiques.**

2o **De la LOI du 9 Avril 1898 sur les**

ACCIDENTS DU TRAVAIL

Complétée et modifiée par les Lois du 30 Juin 1899, du 22 Mars 1902 et du 31 Mars 1905.

PAR G. PICAREL

Ancien Avoué de Première Instance
Juge de Paix du Canton de Graulhet (Tarn)

MAZAMET

IMPRIMERIE GATIMEL & CIE

1905

PRÉFACE

Un livre utile, le plus utile peut-être manquait à ces classes laborieuses, honnêtes et intelligentes, riches ou pauvres, dont le Gouvernement de la République s'occupe depuis longtemps avec une sollicitude et une persévérance toute paternelle.

Le Code Pratique des Usages locaux du canton de Graulhet, que nous publions aujourd'hui, est destiné à combler cette lacune, et son titre seul en indique toute l'utilité ; aussi sommes-nous persuadés qu'il aura un immense succès dans toute l'étendue du Canton de Graulhet.

Ce n'est pas, en effet, une œuvre éphémère, mais bien une œuvre sérieuse et d'utilité publique.

Nous avons donc la conviction d'avoir rendu un service important aux personnes de toutes les conditions qui aiment l'ordre et l'économie, qui sont jalouses de leurs droits, de leurs devoirs et de leur fortune.

Avec le Code Pratique des Usages locaux du Canton, bien des économies se réaliseront, bien des procès coûteux seront prévus et évités, par l'application de notre excellent guide, qui sera dans toutes les familles un conseiller intime et éclairé.

USAGES LOCAUX

DU

CANTON DE GRAULHET

(Tarn)

———※———

Tous les usages locaux dont il est parlé dans cet ouvrage ont FORCE OBLIGATOIRE de loi dans le Canton de Graulhet, sauf conventions contraires des parties intéressées, constatées par écrit ou établies par témoins, dans les cas seulement où la preuve testimoniale peut être admise.

Pour les questions qui n'y figurent pas, il n'existe aucun règlement ni usage local, et les cas se rattachant à ces questions sont réglées par les lois et les Codes français auxquels on doit se référer.

Chapitre Premier. — Abeilles.

A quelle distance de la propriété voisine l'usage autorise-t-il de placer l s ruches à miel?

Il n'existe pas d'usage local, mais par arrêté de M. le Préfet du Tarn, la distance de la propriété voisine est fixée à 3 mètres.

Y a-t-il quelque usage particulier sur le droit de suite d'un essaim d'abeilles?

L'usage du canton donne la propriété de l'essaim d'abeilles à celui qui les suit sans les perdre de vue, même sur le terrain d'autrui, sauf dommages à payer, si en le suivant ou en le prenant, il en occasionne sur la propriété des voisins.

CHAPITRE II. — Bans.

*On désigne sous le nom de BAN, la proclamation, le mande-
ment public, que le Maire de chaque commune porte à la
connaissance des habitants et qui fixe le jour où doivent
commencer dans la commune les fenaisons, les moissons ou
les vendanges.*

*Y a-t-il dans le canton
des bans pour les fenai-
sons, les moissons et les
vendanges?*

Il n'existe des bans que pour les vendanges. Depuis quelques années même
et sur avis du Ministre de l'Agriculture
les maires ont cessé de faire la proclamation du ban des vendanges, et on
n'a pas signalé que des inconvénients
sérieux aient été la suite de ce nouveau
procédé, conforme au principe de li-
berté qui a pour objet l'affranchisse-
ment de la propriété de toute entrave.

CHAPITRE III. — Bois.

*Qu'entend-on dans le
canton par bois taillis?*

Les bois taillis sont ceux coupés au
dessous de l'âge de quinze ans.

*Par bois de haute fu-
taie?*

Les bois de l'âge de vingt ans et au-
dessus.

*Quel est le temps lais-
sé entre chaque coupe?*

Le temps laissé entre chaque coupe
varie entre six et quinze ans pour les
bois taillis. On fait les basses tailles
chaque quatre ans. Les bois de haute
futaie se coupent à l'âge de 25 ans et
au-dessus.

*Combien laisse-t-on de
baliveaux par hectare?*

On laisse seize baliveaux par hectare.

*A quelle époque les
bois sont-ils réservés?*

Les bois sont réservés depuis le 15
avril jusqu'au 1er novembre.

*Les bestiaux peuvent-
ils être menés dans les
taillis?*

On ne peut mener les bestiaux dans
les bois taillis au-dessous de l'âge de 4
ans.

*Quels sont les usages
pour l'émondage des ar-
bres?*

L'émondage des arbres se fait tous
les quatre ans.

*La broustille ou la ra-
mée?*

La broustille et la ramée se fait tous
les trois ans.

A quelle époque les bois vendus sont-ils enlevés?	Ils doivent être enlevés au 15 mai après la coupe.
A quelle époque les bois vendus sont-ils payables?	Ils sont payables le 1er septembre.
Comment a lieu l'aménagement des bois?	Il n'y a pas d'usage régulier pour l'aménagement des bois.
Quels sont les usages pour les défrichements?	L'usage varie suivant que les bois sont bien ou peu garnis de souches. S'ils sont bien garnis le défrichement se fait pour la moitié des souches. S'ils sont peu garnis on donne la totalité des souches.

Chapitre IV. — **Bail de Métairie à Colonage.**

Quand commence le bail à colonage	Le bail à colonage commence à l'entrée du métayer qui a lieu du 11 au 30 novembre.
Quand prend-il fin?	Un an après s'il y a congé. A défaut de congé le bail continue par tacite reconduction.
Les conditions du bail sont-elles, en général, constatées par écrit ou réglées par l'usage?	Généralement elles sont constatées par un acte public ou par sous-seing privé.
A quelle époque le congé doit-il être donné?	Au 25 mars dans tout le canton, excepté dans la commune de Graulhet où le congé peut être donné au partage du blé à la dernière mesure.
Le congé est-il donné par écrit?	Le congé est donné par ministère d'huissier. Rarement il est donné par déclaration devant le juge de paix.
Le congé peut-il être donné annuellement et avant que le métayer ait récolté les fruits de toutes les soles?	Oui, le congé peut être donné annuellement avant que le métayer ait récolté les fruits de toutes les soles.
Par qui sont fournis : 1° les cabaux?	Par le maître (sauf conventions contraires).
2° les semences?	Par le maître,

3° *les charrettes, char-*
rues et outils d'agricul-
ture?

Par le métayer.

4° *les engrais, platres,*
chaux, cendres?

Ils se paient par moitié.

Par qui sont entretenus
les charrettes, charrues,
jougs, harnais et outils
d'agriculture?

Par le métayer.

Comment et par qui
sont payés :
1° *les contributions?*

Moitié par le maître, moitié par le
métayer.

2° *les prestations pour*
les chemins?

Par le métayer en se servant des
bestiaux qui sont sur la métairie.

3° *l'impôt sur les chiens*

Par le métayer.

4° *les primes d'assuran-*
ces contre l'incendie?

Moitié par le maître, moitié par le
métayer.

5° *les primes d'assuran-*
ces contre la grêle?

Moitié par le maître, moitié par le
métayer.

6° *le salaire du garde*
particulier?

Par le maître.

Quels travaux sont à la
charge du métayer?

Tous les travaux de la ferme sont
à la charge du métayer.

Le métayer est-il tenu
de l'entretien des fossés,
ruisseaux, haies, tertres,
murailles de clôture, etc.

Le métayer est tenu de leur entretien.

Fait-il les charrois pour
le maître?

Il est obligé de faire tous les charrois nécessaires au maître.

Laboure-t-il les vignes
du maître?

Il les laboure.

A quelles conditions?

Gratuitement.

Peut-il employer les
bestiaux de la métairie
pour lui ou pour autrui?

Le métayer ne peut employer les
bestiaux de la métairie soit pour lui,
soit pour autrui, sans l'autorisation du
maître.

Comment se partagent
les récoltes?

On prélève d'abord la semence et on
partage le restant par moitié, le tout
en présence du maître.

Les métayers peuvent-ils enlever les gerbes des champs sans l'autorisation du maître ?

Le métayer n'a pas le droit d'enlever les gerbes sans l'autorisation du maître ; néanmoins, dans la pratique, l'usage de les enlever est autorisé sans prévenir le maître.

Comment doivent se consommer les pailles et les fourrages ?

Les pailles et les fourrages ne peuvent être consommés que par les bestiaux de la métairie et pour l'usage de la métairie.

Y a-t-il des récoltes qui appartiennent au maître seul ou au métayer seul ?

Les raisins et la coupe des bois appartiennent au maître. Le métayer a droit à la ramée pour le troupeau et à une partie de la basse-taille pour son chauffage.

Comment se partagent les légumes verts ?

Les légumes verts ne se partagent pas. Le maître et le métayer en prennent à volonté suivant leurs besoins.

A qui revient la feuille des mûriers ?

Au maître.

Comment se partage le produit :
1° Des saules ?

Par moitié. S'ils sont couverts en cerceaux on les partage, le maître en paie la façon et le métayer nourrit l'ouvrier

2° Des oseraies ?

Par moitié.

3° Des ruches à miel ?

Par moitié.

Comment se partagent les fagots ?

Les fagots provenant de la ramée restent à l'usage du métayer pour son chauffage.

Le métayer peut-il mener les bestiaux :
1° Dans les prairies ?

Oui, depuis la coupe des foins jusqu'au 25 décembre suivant.

2° Dans les fourrages ?

Depuis la dernière coupe jusqu'au mois de février suivant.

3° Dans les bois ?

A toute époque dans les bois de haute futaie. Depuis le mois de septembre jusqu'au 15 avril dans les bois taillis âgés de plus de 3 ans. Au-dessous de cet âge les bois sont réservés.

Comment se partagent les fruits des arbres ?

Les fruits des arbres épars se partagent par moitié. Les fruits des arbres plantés en verger appartiennent au maître. Le métayer sortant n'a aucun droit sur les fruits des arbres qui se trouvent sur les pièces de terre ensemencées en blé, la dernière année ils appartiennent au maître.

Le métayer peut-il couper du bois pour son chauffage?

Non.

Peut-il vendre ou échanger les bestiaux sans le consentement du maître?

Non.

Comment se partagent les profits et les pertes sur les bestiaux?

Ils se partagent par moitié.

Le métayer fournit-il au maître une redevance en volailles et en œufs?

Oui, et cette redevance est fixée entre eux.

Quel est l'usage pour les oies, les canards, les dindons.

Ils se partagent par moitié.

Le métayer peut-il tenir dans le troupeau de la métairie quelques bêtes lui appartenant exclusivement?

Non.

Y a-t-il quelque usage particulier au sujet des porcs?

Ils se partagent par moitié. Les grains nécessaires pour les faire venir sont fournis moitié par le maître et moitié par le métayer.

Quels sont les droits du métayer sortant?

Il a le droit de défricher pour être semés en blé les champs de trèfle de deux ans et ceux de luzerne de trois ans; c'est-à-dire les champs qui ont été fauchés deux années en trèfle et trois années de luzerne. Il a droit à la moitié de la semence s'il l'a fournie des trèfles et luzernes d'une année.

Quels sont les droits du nouveau métayer rentrant?

Il a le droit d'ensemencer au printemps qui précède son entrée, les graines de luzerne, de trèfle et de sainfoin, sur les champs de blé du métayer sortant. De faucher sa part de prairies artificielles et naturelles. De planter des choux dans la moitié du jardin de la métairie. De travailler et semer son lin avec les bestiaux de la métairie, ainsi que les fourrages à consommer en vert. De faire, au mois de septembre, la feuillée pour les troupeaux.

Comment sont partagés à la sortie du métayer : 1° les fourrages ?

Le métayer sortant a droit à un tiers des fourrages secs et à la totalité des *crêtes* de millet. Le métayer qui rentre a droit aux deux tiers des fourrages secs et à la totalité des *pieds* de millet.

2° les pailles ?

Le métayer sortant doit en user en bon père de famille, sauf dommages.

3° les engrais ?

Les engrais appartiennent à la métairie. Le métayer sortant a le droit de les utiliser pour ses semences et s'il en reste après sa sortie, le métayer qui rentre a le droit de les utiliser.

En cas de vente de tout ou partie de la métairie, quels sont les droits du métayer ?

Dans ces deux cas, le métayer conserve ses droits de colon partiaire, jusqu'à signification de congé.

Le métayer contribue-t-il à l'entretien des bâtiments de la ferme ?

Il n'y contribue que pour les charrois que nécessite l'entretien de la ferme.

Le bail à colonage prend-il fin par la mort du métayer ?

Oui, mais ordinairement il est continué par tacite reconduction avec les enfants du colon.

Quels sont les droits du métayer sortant : 1° sur les prairies artificielles ?

Le métayer peut défricher les luzernes de trois ans et les trèfles de deux ans ; il ne peut défricher celles qui ont un âge moindre ; mais pour ces dernières, il a droit de réclamer au métayer qui le remplace, la moitié de la semence des trèfles, des luzernes et des esparcets.

2° sur les vignes par lui plantées ?

Lorsqu'il a planté une vigne, l'indemnité qui lui est dûe est réglée par une expertise contradictoire.

3° sur les terres incultes par lui défrichées ?

Les récoltes en provenant sont partagées par moitié.

Le métayer sorti qui vient lever la récolte : A-t-il droit au logement ?

Il a droit au logement.

Peut-il se servir des bestiaux de la métairie ?

Oui, pour enlever les gerbes des champs si mieux n'aime le nouveau métayer aller lui-même conduire ses bestiaux ; dans ce cas il est nourri.

Le métayer sortant peut il se servir pour son déménagement des bestiaux et des charrettes de la métairie ?

Oui, il peut s'en servir, mais à ses risques et périls.

Quels sont les droits et les obligations des enfants du métayer, habitant avec lui dans la métairie, après le décès de leur père ?

Ils ont chacun leur portion des récoltes de l'année qui se divisent par souches entre les personnes valides de la métairie à titre de rémunération du travail qu'ils ont fait à ces récoltes, ou qu'il leur reste à faire. Depuis un certain nombre d'années cet usage s'est modifié et il est admis que les enfants ont également droit aux bénéfices réalisés sur l'ensemble de l'exploitation qui a été commune.

Quels sont les droits et les obligations des enfants du métayer non habitant avec lui, après la mort de leur père ?

Ils sont tenus proportionnellement à leur part virile aux obligations contractées par leur père avec le maître. Ils n'ont droit pour cette même part que sur la moitié du produit du bétail revenant à l'hérédité paternelle. L'autre moitié profite exclusivement à ceux de leur cohéritiers qui ont fait les travaux de colonage depuis la mort de l'auteur commun et qui se partagent par tête en y faisant participer les enfants âgés de 15 ans.

Comment sont constatés les comptes entre le maître et le métayer ?

Par un carnet tenu par le maître et dont le métayer a un double.

Comment est payé le forgeron ?

Il est payé par le métayer soit en argent, soit en grains pris sur sa portion.

*Prélève-t-on sur le tas de blé quelque chose :
1° Pour l'église ?*

Oui.

2° Pour le carillonneur ?

Oui.

En cas d'incendie le métayer est-il responsable ?

Il n'y a pas d'usage établi.

Chapitre V. — Bail d'un Jardin..., d'une Terre...,
Bail à Complant.

A quelle époque le bail d'un jardin commence-t-il?

Du 11 au 30 novembre.

A quelle époque prend-il fin?

Dans le mois de novembre suivant.

Pour quel temps le bail a-t il lieu?

Pour une année.

Quelles sont les conditions principales de ce bail?

Les fumiers son achetés par moitié et les produits du jardin partagés par moitié.

A quelle époque le congé doit il être donné?

Le congé doit être donné le 1er août.

Doit-il être donné par écrit?

Il est donné verbalement.

Par qui sont payées les contributions?

Par le propriétaire.

Quand commence et prend fin le bail d'une récolte à faire sur une terre?

Le bail commence le 11 novembre et finit à la même époque l'année suivante pour les terres données à millet. Et si cette terre est encore donnée à bail pour une récolte de blé, ce bail finit après la coupe du blé.

Pour quel temps ce bail a-t-il lieu?

Ordinairement pour une année.

Qui fournit : 1° la semence?

Elle est fournie par moitié.

2° les engrais?

Ils sont fournis par le propriétaire.

Par qui est payée la contribution?

Par le propriétaire.

Qui fournit les bêtes de labourage et les instruments d'agriculture?

Le propriétaire fournit les bestiaux et prend en compensation tous les fourrages de millet; et lorsque le propriétaire n'a pas de bestiaux, le fermier fait faire les travaux de labour avec ces mêmes fourrages de millet; les autres outils d'agriculture sont fournis par celui qui prend à bail.

Comment se partagent : 1° *les récoltes?*	Par moitié.
2° *les pailles?*	Elles appartiennent au propriétaire qui les convertit en fumier.
Un congé est-il nécessaire?	Non, il suffit d'un simple avis verbal donné au partage de la récolte.
Lorsqu'on donne une récolte à lever quelle quotité de grains prend l'ouvrier?	Le septième ou le huitième, suivant ce qu'est la récolte.
Quels travaux sont à sa charge?	Il est obligé de faire tous les travaux ultérieurs aux semailles pour rendre le blé dans le grenier. Le propriétaire lui fournit les moyens de transport.
Dans le bail à complant d'une vigne, comment se partagent les fruits?	Celui qui plante la vigne en prend les fruits pendant les dix premières années.
Pour quel temps le bail a t-il lieu?	Pour dix ans, époque après laquelle on partage la récolte.

CHAPITRE VI. — **Bail à Ferme.**

Les baux à ferme sont-ils établis par acte ou verbalement?	Les baux à ferme sont établis par acte public ou sous signature privée.
Pour quel temps ont ils lieu?	Pour trois, six ou neuf années.
A quelle époque commencent-ils et prennent-ils fin?	Ils commencent du 11 au 30 novembre et prennent fin aux mêmes époques
Par qui sont fournis : 1° *les cabaux?*	Par le propriétaire qui laisse ceux existant sur la métairie à l'entrée du fermier.
2° *les semences?*	Par le propriétaire.
3° *les instruments aratoires?*	Par le fermier.
Par qui sont payées : 1° *les impositions?*	Généralement le fermier paie les impositions.

2° *les prestations pour les chemins?*	Par le fermier.
3° *les primes d'assurances contre l'incendie et la grêle*	Par le fermier.
Le prix du bail consiste-t-il en argent ou en denrées.	Le prix du plus grand nombre de baux à ferme se paie en argent; il y en a cependant qui sont payés en denrées.
Le prix du bail est-il payable par annuités ou par semestre?	La plus grande partie est payable par annuités. Il y en a quelques-uns payables par semestre.
D'avance ou terme échu?	Terme échu.
Quels sont les droits du fermier : 1° sur les bois à haute futaie?	Ils ont le droit de faire la récolte du gland et de l'émondage des arbres.
2° *Sur les bois taillis?*	Sauf conventions contraires, ils les jouissent comme le faisait le propriétaire.
3° *Sur le bois mort?*	Il n'a le droit que de prendre les branches.
Peut-il défricher : 1° *les prairies artificielles?*	Le fermier ne peut défricher que les trèfles de 2 ans et les luzernes de 3 ans en en laissant autant d'ensemencé à sa sortie.
2° *les prairies naturelles?*	Non.
Est-il tenu d'entretenir : 1° *les haies vives ou sèches?*	Le fermier est obligé de les entretenir.
2° *les murs de clôture?*	Non, ce soin appartient au propriétaire sauf le cas où la dégradation vient du fait du fermier et alors il doit la réparer.
3° *les fossés, rigoles, ruisseaux?*	Le fermier doit les entretenir et les laisser en bon état à sa sortie.
4° *les bâtiments de la ferme?*	Ce soin incombe au propriétaire pour tout ce qui n'est pas réparations locatives qui sont à la charge du fermier.

5° *les instruments d'a-griculture appartenant au bailleur?*

Le fermier est obligé de les entretenir.

A la fin du bail quelle quantité le fermier doit-il laisser :
1° *En fourrages :*

Le fermier doit laisser les deux tiers des fourrages secs et engrangés. Il doit laisser aussi tous les fourrages de pieds de millet.

2° *en pailles?*

Toutes les pailles de l'année.

3° *en engrais?*

Il peut employer tous les engrais sur la métairie.

Quelle contenance en prés ou terres semés en fourrages?

Autant de contenance en pré et en prairies artificielles qu'il en a trouvé sur la métairie à l'époque de son entrée.

Chapitre VII. — Bail à Loyer.

Pour quel temps le bail est-il censé fait :
1° *D'un appartement ou maison meublés?*

Il n'est pas d'usage de louer dans le canton des appartements ou des maisons meublés.

2° *D'un appartement ou d'une maison non meublés?*

Pour trois mois, six mois ou un an.

3° *D'une chambre garnie?*

Le bail est fait au mois.

4° *D'un magasin ou d'une boutique?*

Le bail est fait pour une année.

5° *D'une usine?*

Pour une année.

Le bail est-il fait par écrit?

Peu sont faits par écrit; les baux sont généralement faits verbalement.

Comment le prix du bail est-il payable?

Il est payable par trimestre et d'avance; quelques-uns par semestre.

A quelle époque le congé est-il donné?
1° *d'une maison ou d'un appartement?*

Trois mois à l'avance.

2° *d'une chambre garnie?*

Quinze jours à l'avance.

3º *d'un magasin ou bou-*
tique?

Trois mois à l'avance.

4º *d'une usine?*

Six mois à l'avance.

Comment le congé est-
il donné?

Par acte d'huissier ou devant le juge
de paix; jamais devant témoins.

Quelles sont les répara-
tions à la charge du pre-
neur?

Toutes les réparations locatives nécessaires à l'appartement ou à la maison, à moins qu'il n'existe un état des
lieux, auquel cas il n'est tenu que des
réparations qu'il a occasionnées.

Quel est l'usage pour
les loyers consentis aux
fonctionnaires.

Il est d'usage que les fonctionnaires
publics louent au mois.

Quelles impositions
sont à la charge du loca-
taire?

Aucune.

Chapitre VIII. — Clôtures, Murs, Fossés, Haies.

Quelle est la hauteur
exigée pour les murs de
clôture entre cour et jar-
dins?

Deux mètres

Avec quels matériaux et
de quelle façon ces murs
sont-ils édifiés?

Les clôtures faites en terre et pisé
étaient autrefois les plus répandues,
elles étaient surmontées d'un mignon.
Elles sont aujourd'hui le plus souvent
édifiées en moellons chaux et sable. Si
l'un des propriétaires n'a pas les
moyens de fournir aux frais de clôture,
son voisin y supplée à la condition que
le sol sur lequel elle sera établie sera
tout pris sur la propriété du premier.
Si l'un des propriétaires veut rem-
placer la clôture en pisé par un mur
en maçonnerie, il le peut en le faisant
construire lui-même. Dans ce cas il
n'a droit de réclamer à son voisin que
la moitié de ce qu'aurait coûté la clôture en terre ou en pisé; dans ce dernier cas le mur reste toujours mitoyen.

A laquelle des proprié-
tés limitrophes l'usage at-
tribue-t-il les haies?

A la propriété qui, par la nature de
sa culture a le plus d'intérêt à se clore.
La haie existant entre deux héritages
ayant la même culture est censée mitoyenne.

Les fossés?

La propriété des fossés est attribuée au propriétaire dont la pièce de terre porte les traces du dépôt des terres jetées du fossé.

Comment s'exploitent les haies mitoyennes?

Elles sont soignées, taillées et coupées par moitié et à frais communs.

Comment se fait le curage des fossés mitoyens?

Le curage d'un fossé mitoyen est fait une année par l'un et une année par l'autre des propriétaires à la mitoyenneté.

A quel âge les haies sont-elles coupées?

Cet usage varie. Dans tous les cas, elles ne sont jamais coupées avant l'âge de 3 ans.

Les fossés sont-ils en général présumés mitoyens?

Oui, quand il n'y a ni titres, ni marques ou signes contraires.

Les fossés peuvent-ils être établis sur la ligne extrême de la propriété, ou bien faut-il laisser un franc-bord entre le bord extérieur du fossé et la propriété voisine?

Les fossés peuvent être établis de telle sorte que leur ouverture soit sur la ligne divisoire, en établissant un talus partant de cette ouverture et ayant 0^m22 centimètres de ce point à la base du fossé, talus qui leur sert de franc-bord.

Quelle largeur doit avoir le franc-bord?

Le franc-bord doit avoir 22 centimètres.

Quelles doivent être la profondeur du fossé et l'inclinaison des talus?

La profondeur du fossé doit être de 0^m88 centimètres et autant de largeur, cette dernière est réduite à 0^m44 centimètres à la base.

CHAPITRE IX. — Cours d'Eau

Existe-t-il des règlements locaux sur les cours et usages des eaux?

Non, il n'existe aucun règlement local sur le cours et l'usage des eaux. Les contestations ou difficultés qui pourraient s'élever sont réglées par le code civil et les lois en vigueur.

Y a-t-il des règlements et des usages pour le curage des ruisseaux?

Oui, il y a des usages établis pour le curage des ruisseaux et cours d'eau.

Quels sont ces usages?

Les riverains de chaque bord du ruisseau s'entendent pour le curage et exécutent simultanément ce travail le long de leurs propriétés et à leurs frais.

En cas de sécheresse ou d'insuffisance des eaux, l'usine a-t-elle la préférence sur les propriétés à arroser?

Aucun règlement ni usage local ayant force de loi n'est encore établi. Si des litiges sur ce point étaient soumis à l'appréciation du juge, ce dernier devrait s'en référer aux Codes et aux lois ; et, en prononçant, concilier les intérêts de l'agriculture et de l'industrie, avec le respect dû à la propriété.

Quels sont les usages sur le rouissage des chanvres et des lins?

Chaque propriétaire ou habitant des hameaux fait rouir son chanvre ou son lin dans leurs mares ou leurs réservoirs.

Chapitre X. — Domestiques et Nourrices.

Pour quel temps les domestiques attachés à la personne du maître sont-ils loués?

Pour une année.

Quelle est l'époque ordinaire de l'entrée des domestiques chez le maître?

Le 24 juin, à la Saint Jean.

Comment sont payés les gages des domestiques?

En argent, terme échu.

Le congé peut-il être donné du jour au jour et sans indemnité aux domestiques attachés à la personne du maître?

Le congé peut être donné du jour au jour pour cause d'inconduite ou d'infidélité. Dans tout autre cas, le congé ne peut être donné qu'en prévenant le domestique à l'avance et en le gardant le temps nécessaire pour trouver une nouvelle place.

Pour quel temps sont louées les nourrices?

Les nourrices sont louées pour tout le temps de l'allaitement.

Peut-on donner congé du jour au jour et sans indemnité à une nourrice?

Si on donne congé à une nourrice, on lui paie le mois commencé. Dans tous les cas on doit la prévenir quelques jours à l'avance, ce délai ne dépassant pas 8 jours.

Quels sont les gages des domestiques et nourrices?

Les gages des domestiques et des nourrices sont depuis longtemps fixés d'un commun accord ; l'usage de gages invariables n'existe plus.

Indépendamment de leurs gages les nourrices ont-elles droit à certaines fournitures ?

Les nourrices qui prennent le nourrisson chez elles ont droit aux savons pour blanchir le linge de l'enfant et à un pain de savon blanc de 500 grammes tous les mois.

Lorsque des habits de deuil sont donnés à un domestique ou à une nourrice leur appartiennent-ils définitivement ?

Les habits de deuil donnés à un domestique ou à une nourrice ne leur appartiennent qu'après la première année de deuil.

Chapitre XI. — Maître-Valet

A quelle époque les maîtres-valets entrent-ils sur les biens ?

Le onze novembre.

A quelle époque en sortent-ils ?

Un an après, à la même époque.

A quelles conditions sont-ils loués ?

Ils sont logés gratuitement et ne paient aucun impôt. Ils sont intéressés sur le bien pour la récolte du lin, des légumes verts et secs ensemencés dans la quantité de 20 litres de chaque. Ils ont la moitié du produit de la volaille et des œufs et aussi la moitié des bénéfices ou produit des cochons. On leur donne aussi un jardin duquel ils prennent tous les fruits.

Quelles sont leurs obligations ?

Les maîtres-valets et leur famille doivent tout leur temps à leur maître et ne peuvent travailler que pour lui. Ils doivent veiller au soin des bestiaux, des outils aratoires et autres, comme s'ils étaient leur propriété et s'occuper des travaux agricoles, soigner les récoltes en bon père de famille.

Quels sont leurs salaires ?

On leur donne 3 hectolitres de blé et 3 hectolitres de millet pour chaque membre de la famille capable de gagner sa journée. Cent litres de vin par homme et des gages en argent qui varient suivant leur aptitude au travail. Le sel et l'huile d'olive nécessaire à leur ménage leur sont quelquefois donnés suivant leurs conventions sur ce point et sur les gages.

Quand les salaires sont-ils payés ?

Les salaires sont payés ou donnés par trimestre et d'avance.

A quelle époque faut-il leur donner congé?

Dans tout le canton le congé doit leur être donné au 25 mars.

Chapitre XII. — **Ouvriers des Usines, Ouvriers Agricoles, Journaliers.**

Quand commence et finit la journée des ouvriers employés dans les usines et fabriques?

Elle commence en toute saison à six heures du matin et finit à six heures du soir.

Quand peut-on donner le congé aux ouvriers des usines?

Le congé peut être donné tant par le patron que par l'ouvrier du jour au jour et sans indemnités. Les ouvriers à la semaine 8 jours avant. Les employés au mois 30 jours avant.

Comment sont payés les ouvriers des usines?

Ils sont payés le samedi de chaque semaine à la cessation du travail.

A quelle époque les valets agricoles bergers et servantes sont-ils loués?

Ils sont loués à deux époques, le 24 juin et le 11 novembre.

Pour quel temps?

Ils sont loués pour une année, ou bien du 24 juin au 11 novembre.

Les gages sont-ils payés d'avance ou terme échu?

Ordinairement les gages sont payés par à-comptes durant le bail; mais ils ne sont exigibles que terme échu.

Les valets agricoles, bergers et servantes peuvent-ils être renvoyés du jour au jour et sans indemnité?

Ils ne peuvent être renvoyés du jour au jour et sans indemnité que pour désobéissance, inconduite ou infidélité.

Le congé doit-il être donné dans un certain délai?

Le congé peut être donné avant l'expiration de l'engagement, en prévenant un mois à l'avance et avec indemnité.

Pour quel temps sont loués les valets pris pour la levée de la récolte?

Ils sont loués du 24 juin au 11 novembre.

Quand commence et finit la journée pour les travailleurs de terre et les vignerons?

La journée commence à six heures du matin et finit à six heures du soir.

Pour les faucheurs, moissonneurs et vendangeurs?	La journée commence au lever du soleil et finit à son coucher.
Pour les laboureurs?	La journée commence à la pointe du jour et finit au coucher du soleil.
Comment se louent ces ouvriers agricoles?	A la journée.
Doivent-ils rapporter leurs outils de travail?	Oui, chaque ouvrier doit apporter ses outils.
A quelle époque les maîtres meuniers entrent-ils dans les moulins à eau ou à vent et doivent-ils en sortir?	Ils y entrent à toute époque de l'année et ils sont loués au mois.
A quelle époque le congé doit-il leur être donné?	Huit jours avant la fin du mois.
Comment sont payés leurs gages?	En argent, terme échu.
A quelle époque et pour quel temps sont loués les garçons meuniers?	A toute époque de l'année; ils sont loués par mois.
Est-on tenu de leur donner congé à l'avance?	On leur donne congé huit jours à l'avance et avant la fin du mois.

Les salaires des ouvriers, employés, etc., sont l'objet de conventions et le montant en est déterminé d'avance par les intéressés. A défaut, et en cas de difficulté sur ce point, le juge prend comme base le salaire que gagnent dans la même localité les ouvriers de la même catégorie.

Chapitre XIII. — Parcours et Vaine Pâture.

Il n'existe aucun usage local dans le canton de Graulhet pour les droits de parcours et vaine pâture.

Chapitre XIV. — **Plantations d'Arbres et Haies.**

Quelle est la distance à observer pour la plantation des arbres?

L'usage du canton est que les arbres à haute tige doivent être plantés à 2 mètres de la ligne divisoire.
Les arbres à basse tige à un mètre.
Les haies et les souches de vigne à 50 centimètres.

Quelle est la distance exigée lorsque la plantation a lieu :
1º le long d'un mur mitoyen?

La distance est la même qu'il vient d'être dit, et se mesure de la moitié de l'épaisseur du mur mitoyen, au milieu du pied de l'arbre.

2º le long d'un mur non mitoyen?

La distance est la même en mesurant du parement extérieur du mur non mitoyen au milieu du pied de l'arbre.

3º Sur le bord d'un ruisseau?

A la même distance en mesurant du milieu du lit du ruisseau à l'arbre.

Quelle distance est exigée lorsque les deux propriétés sont en nature de bois?

Il n'existe aucun usage local.

Lorsqu'un arbre planté à une distance non légale meurt ou est coupé et qu'il repousse, le nouvel arbre peut-il être conservé?

Non, les pousses doivent être coupées, et l'arbre mort ne peut être remplacé par un autre.

Lorsque des arbres se trouvent dans une haie mitoyenne sont-ils mitoyens comme la haie?

Oui, ils sont mitoyens comme la haie et chaque propriétaire peut demander qu'ils soient abattus. Ce droit est imprescriptible à moins qu'il y ait eu jouissance exclusive de l'arbre par l'un des propriétaires.

Chpitre XV. — **Servitudes.**

La servitude de tour-d'échelle est-elle reconnue et pratiquée?

La servitude de tour d'échelle existe en payant une indemnité.

Existe-t-il un règlement pour :
1º le creusement des puits près d'un mur mitoyen?

Oui on doit établir un contre-mur de douze centimètres d'épaisseur.

2° *Le creusement de fosses d'aisances ?*

Oui, on doit établir un contre-mur de douze centimètres d'épaisseur.

3° *La construction d'un four, fourneau, cheminée, âtre ?*

idem.

4° *L'adossement d'une étable ?*

idem.

5° *L'établissement d'un magasin de sel ou amas de matières corrosives ?*

idem.

A quelle distance des bâtiments doivent être placés : les meules de paille et de fourrages, les bûchers, les meules de fagots et broustilles ?

Il n'existe aucun règlement ni usage pour les distances à garder entre les meules de paille de fourrage, bûchers, meules de fagots, etc. avec les bâtiments.

Peut-on aller ramasser sur la propriété voisine les fruits qui y sont tombés ou qui y ont roulé ?

Le propriétaire d'arbres peut aller ramasser chez son voisin les fruits qui y sont tombés, sauf indemnité pour les dommages occasionnés.

Les propriétaires du fonds sur lequel s'étendent les branches d'un arbre fruitier peut - il cueillir les fruits de ces branches ?

Oui, il peut les cueillir.

CHAPITRE XVI. — **Vente de Bestiaux.**

Comment se constatent les ventes de bestiaux faites en foire ou à l'étable ?

Les ventes se constatent par des arrhes ou par la marque sur les bestiaux vendus.

Lorsqu'on a vendu comme étant pleines une vache, une jument, une ânesse, une truie et qu'il est reconnu plus tard qu'elles ne le sont pas, quelle indemnité doit le vendeur pour :
1° *La vache ?*

Pour une vache vendue au-dessous du prix de 140 francs, l'indemnité est de 5 francs.
Au-dessus de 140 francs jusqu'à 170 francs inclusivement l'indemnité est de 6 francs.
Pour une vache vendue au-dessus de 170 francs l'indemnité est de 7 fr. 50.

2° *La jument ?*

Pour les juments d'un bas prix on paie une indemnité qui n'est guère au-dessous de 50 francs, et elle augmente en proportion du prix de la jument et qui est fixé par expert.

3° *L'ânesse?*

Pour les ânesses d'un bas prix, l'indemnité est de 5 à 8 francs ; pour celles d'un prix plus élevé elle arrive jusqu'à 15 francs.

4° *La truie?*

Il n'y a pas d'usage établi. L'indemnité se règle par experts.

Voir après les usages locaux, la loi sur les vices rédhibitoires et la tuberculose des animaux domestiques.

Chapitre XVII. — Usages Divers.

Foires et marchés du canton?

A Graulhet le marché s'y tient le jeudi. Les foires de Graulhet ont lieu, le 22 février, le 3 mai le jeudi avant la Saint Jean, le 6 août et le 21 novembre.
A Briatexte, le marché s'y tient le lundi. Les foires de Briatexte ont lieu, le 4 avril, le 24 août et le 9 décembre.

L'usage autorise-t-il :
1° Le glanage?

Oui, le glanage est autorisé par l'usage local.

2° Le ratelage?

Non.

3° Le grapillage?

Oui.

Pour quelle récolte et pour quels fruits sont-ils admis?

Pour les blés et pour les raisins après l'enlèvement de la récolte.

La vente d'une barrique de vin comprend-elle la vente de la futaille?

Non.

Quelle est la contenance métrique :
1° de la barrique?

Deux hectolitres.

2° de la charrette de bois?

Un stère.

3° de la charretée de fourrage?

500 kilogrammes.

4° de la charretée de paille?

500 kilogrammes.

5° de la charretée de fumier?

1 mètre 50 centimètres cubes.

La vente d'un domaine comprend-elle :
1° Les bêtes à laine?

Oui.

2° Les chèvres?

Oui.

3° Les porcs?

Oui.

4° Les volailles?

Oui.

Le pavage des rues est-il à la charge des riverains ou de la commune?

Le pavage des rues est à la charge exclusive de la commune.

VICES REDHIBITOIRES ET EPIZOOTIES

PRELIMINAIRE

1o **ESPÈCE BOVINE.** — Espèce du Genre Bœuf, comprenant le Bœuf domestique, la Vache et le Veau.

2o **ESPÈCE PORCINE.** - Race de Porcs.

3o **ESPÈCE CAPRINE.** — Se rapporte au genre Chèvre.

4o **ESPÈCE OVINE.** — Genre de la Brebis.

5o **ESPÈCE CHEVALINE.** — Race de Chevaux.

6o **ESPÈCE ASINE.** — L'Ane et l'Anesse.

Vices Rédhibitoires pour lesquels il peut y avoir lieu à réduction de prix ou résolution de la vente des animaux domestiques.

(Loi du 2 Août 1884. — Loi du 31 Juillet 1895. — Loi du 23 Avril 1905).

1

Quels sont les vices rédhibitoires des animaux domestiques pouvant donner lieu à une réduction de prix ou à la résolution de la vente?

Pour le cheval, l'âne et le mulet, les vices pouvant donner lieu à une réduction de prix ou à la résolution de la vente sont : 1o l'immobilité; 2o l'emphysème pulmonaire; 3o le cornage chronique : 4o le tic proprement dit avec ou sans usure des dents; 5o les boiteries anciennes intermittentes et,6o la fluxion périodique des yeux.

Pour l'espèce porcine : la ladrerie.

Il n'existe pas de vices rédhibitoires pour la race bovine. La vente des bovidés sera nulle en cas de maladies contagieuses, comme il est dit plus loin.

2

Dans quel cas l'action en réduction de prix ne pourra-t-elle être exercée?

L'action en réduction de prix ne pourra être exercé lorsque le vendeur offrira de reprendre l'animal vendu en restituant le prix et en remboursant à l'acquéreur les frais occasionnés par la vente ; ou bien encore lorsque le prix en cas de vente ou la valeur en cas d'échange ne dépasse pas cent francs.

3

Dans quels délais l'action rédhibitoire est-elle recevable?

Le délai pour intenter l'action rédhibitoire sera de neuf jours francs, non compris le jour de la livraison, excepté pour la fluxion périodique dont le délai sera de trente jours non compris le jour de la livraison (sauf les délais qui, à raison de la distance supérieure à 20 kilomètres sont augmentés suivant les règles de la procédure).

4

Quelles sont les formalités essentielles que doit remplir l'acheteur?

Quel que soit le délai pour intenter l'action rédhibitoire, l'acheteur doit sous peine de déchéance, provoquer dans les délais ci-dessus fixés, la nomination d'experts chargés de dresser procès-verbal.

A cet effet, il doit présenter une requête verbale ou écrite au juge de paix du lieu où se trouve l'animal, qui rendra une ordonnance et nommera un ou trois experts.

L'acheteur devra ensuite faire citer, dans les mêmes délais, le vendeur pour assister à l'expertise. La citation qui sera donnée par huissier énoncera qu'il sera procédé même en l'absence du vendeur.

Si le vendeur a été appelé à l'expertise la demande en justice pourra être signifiée dans les trois jours à compter de la clôture du procès-verbal d'expertise dont copie devra précéder la citation.

Si le vendeur n'a pas été appelé à l'expertise, la demande en justice devra être faite dans les délais fixés plus haut (n° 3).

5

Qu'adviendra-t-il si l'animal vient à périr?

Si l'animal vient à périr, le vendeur ne sera pas tenu à la garantie, à moins que l'acheteur n'ait déjà intenté son action rédhibitoire, régulièrement dans les délais fixés et qu'il ne prouve que la perte de l'animal provient de l'une des maladies donnant ouverture à l'action rédhibitoire et spécifiées au n° 1.

6

Devant quel tribunal l'action rédhibitoire sera-t-elle intentée?

Le juge de paix est compétent jusqu'à la somme de 600 francs, la valeur étant déterminée par le prix de la vente et c'est devant le juge du domicile du vendeur que l'action sera portée.

Au-dessus de 600 francs, c'est le Tribunal civil qui est compétent.

S'il y a eu acte de commerce, c'est le le Tribunal de commerce qui sera valablement saisi de l'affaire d'après les règles ordinaires du droit.

Epizooties ou Maladies Contagieuses qui rendent la vente radicalement nulle.

7

Quelles sont les maladies contagieuses qui rendent la vente de bestiaux absolument nulle?

Les maladies contagieuses dont l'existence rend la vente nulle de plein droit, soit que le vendeur ait connu ou ignoré l'existence de la maladie dont son animal était atteint ou suspect sont : 1° *La peste bovine* dans toutes les espèces de ruminants : 2° *La péripneumonie contagieuse* dans l'espèce bovine ; 4° *La Clavelée et la Gale* dans les espèces ovine et caprine ; 4° *La fièvre aphteuse* dans les espèces bovine, ovine, caprine et porcine ; 5° *La morve, le farcin, la dourine* dans les espèces chevaline et asine et leurs croisements ; 6° *La rage* dans toutes les espèces · 7° *Le charbon symptomatique ou emphysémateux et la tuberculose* dans l'espèce bovine ; 8° *Le rouget* et la *pneumo-entérite infectieuse* dans l'espèce porcine ; 9° *La fièvre charbonneuse ou sang de rate* dans les espèces chevaline, bovine, ovine et caprine.

Dans tous les cas de maladies qui précèdent, l'exposition, la vente ou la mise en vente des animaux atteints ou soupçonnés d'être atteints sont interdites.

8

Dans quel délai la demande ou nullité de la vente ou de l'échange ne sera-t-elle plus recevable?

Aucune réclamation, dit la loi du 23 février 1905, ne sera recevable de la part de l'acheteur lorsqu'il se sera écoulé plus de trente jours en ce qui concerne les animaux atteints de tuberculose, et plus de quarante-cinq jours en ce qui concerne les autres maladies, depuis le jour de la livraison, s'il n'y a poursuites du ministère public.

Si l'animal a été abattu, le délai est réduit à dix jours à partir du jour de l'abatage sans que, toutefois, l'action puisse jamais être introduite après l'expiration des délais indiqués ci-dessus.

Toutefois, en ce qui concerne la tuberculose, l'acheteur ne pourra intenter son action sans avoir au préalable fait sa déclaration au maire de la commune où se trouve l'animal. S'il s'agit d'un animal abattu pour la boucherie, reconnu tuberculeux et saisi, l'action ne pourra être intentée que si cet animal a été saisi en totalité. Dans le cas de saisie partielle portant sur les quartiers, l'acheteur ne pourra intenter qu'une action en réduction de prix à l'appui de laquelle il devra produire un duplicata du procès-verbal de saisie mentionnant la nature des parties saisies et leur valeur calculée d'après leur poids, la qualité de la viande et le cours du jour.

9

Quel sera le tribunal pour connaître de la demande en nullité de la vente?

Sont compétents pour connaître de l'action en nullité, le juge de paix jusqu'à 600 francs (prix de la vente); le Tribunal civil au-dessus de 600 francs; le Tribunal de Commerce s'il s'agit d'un acte de commerce.

Ajoutons que la preuve de l'existence de la maladie au jour de la vente incombe à l'acheteur qui ne se trouvera plus favorisé par une présomption légale, comme dans les cas de vices rédhibitoires.

Police Sanitaire des Animaux

(*Loi du 21 Juin 1898*)

1

Quel est le devoir du propriétaire et de toute autre personne ayant la charge ou le soin d'un animal atteint ou soupçonné d'être atteint de l'une des maladies contagieuses énumérées, dans le chapitre qui précède?

L'obligation qu'impose la loi, est d'en faire immédiatement la déclaration au maire de la commune où se trouve l'animal, de le séquestrer, de le séparer et de le maintenir isolé des autres animaux.

Les vétérinaires sont tenus à faire la même déclaration lorsqu'ils ont eu l'occasion de constater qu'un animal est atteint de maladie contagieuse.

Il est interdit de transporter l'animal ou d'enfouir le cadavre avant la visite du vétérinaire sanitaire à moins que le

2

*Quelles sont les consé-
quences et les suites de
la déclaration faite au
maire ?*

3

*Quelles sont les dispo-
sitions qui sont prises
lorsqu'un arrêté du Préfet
constate l'existence de la
peste bovine ?*

4

*Quelles sont les mesu-
res qui sont prises dans
les cas :*

1° de péripneumonie
contagieuse ?

2° de morve, farçin et
de tuberculose ?

maire, en cas d'urgence, n'en ait donné l'autorisation spéciale.

Aussitôt que la déclaration prescrite
a été faite au maire, ou à défaut de déclaration, dès que ce dernier a connaissance de la maladie, il fait procéder
sans retard par le vétérinaire sanitaire
à la visite de l'animal ou à l'autopsie
du cadavre.

Après la constatation, il en informe
le Préfet qui prend un arrêté de déclaration d'infection et ordonne, s'il le
juge nécessaire, la désinfection des écu-
ries, étables, voitures, etc.

Les animaux, quels qu'ils soient, qui
en sont atteints et ceux de l'espèce bovine qui auraient été contaminés, alors
même qu'ils ne présenteraient aucun si-
gne apparent de maladie, sont abattus
par ordre du maire après évaluation. Ils
sont abattus sur place ou sur le lieu
d'enfouissement. Les animaux des espèces ovine et caprine qui ont été expo-
sés à la contagion sont isolés et soumis
aux mesures sanitaires déterminées par
le règlement d'administration publique.

1° Dans le cas de péripneumonie
contagieuse, le Préfet ordonne dans le
délai de deux jours après la constatation de la maladie, l'abatage des animaux malades et l'inoculation des animaux d'espèce bovine dans le périmè-
tre infecté. L'inoculation n'est pas
obligatoire pour les animaux non atteints que le propriétaire prend l'engagement de livrer à la boucherie dans
un délai maximum de 21 jours à partir
de la date de l'arrêté de déclaration
d'infection.

Le Ministre de l'Agriculture a le
droit d'ordonner l'abatage des animaux
d'espèce bovine ayant été seulement en
contact avec des animaux atteints de
péripneumonie contagieuse.

2° Dans le cas de morve, farcin ou
tuberculose les animaux doivent être
abattus sur ordre du maire Quand il y
a contestation sur la nature de la maladie entre le vétérinaire sanitaire et
celui que le propriétaire aurait fait
appeler, le Préfet désigne un autre vétérinaire sur le rapport duquel il est
statué.

5

Quelles sont les dispositions ordonnées par la loi dans le cas de rage?

6

Dans quel délai et dans quelles conditions doivent être enfouis les animaux morts de maladies contagieuses?

7

Quelles sont les indemnités allouées aux propriétaires dont les animaux ont été saisis comme atteints de maladies contagieuses?

La rage chez des animaux de quelque espèce qu'ils soient, entraîne l'abatage qui ne peut être retardé sous aucun prétexte et le propriétaire de l'animal suspect est tenu de pourvoir immédiatement à l'accomplissement de cette prescription.

La chair des animaux morts de maladies contagieuses ou abattus comme atteints de la peste bovine, de la morve ou farcin, des maladies charbonneuses, du rouget et de la rage, ne peut être livrée à la consommation.

Les cadavres des animaux morts ou abattus comme atteints de maladies contagieuses doivent, au plus tard dans les 24 heures être détruits par un procédé chimique ou par combustion, ou enfouis mais recouverts préalablement de chaux vive et de telle sorte que la couche de terre au-dessus du cadavre ait au moins un mètre d'épaisseur. Les cadavre des animaux morts de maladies charbonneuses, ceux des animaux morts ou ayant été abattus comme atteints de peste bovine ne peuvent être enfouis qu'avec la peau tailladée. — Lorsque des animaux ont dû être abattus comme atteints de péripneumonie contagieuse, de tuberculose et de pneumo-entérite infectieuse, la chair ne pourra être livrée à la consommation qu'en vertu d'une autorisation spéciale du maire. Toutefois les poumons et autres viscères de ces animaux devront être détruits ou enfouis.

Dans le cas de saisie de viande et d'abatage d'animaux pour cause de *tuberculose*, des indemnités sont accordées aux propriétaires qui se sont conformés aux lois et règlements sur la police sanitaire.

Ces indemnités sont réglées ainsi qu'il suit :

1º Au tiers de la valeur qu'avait l'animal au moment de l'abatage, lorsque la tuberculose est généralisée ;

2º Aux trois quarts de cette valeur, lorsque la maladie est localisée ;

3º A la totalité de la valeur de l'animal abattu par mesure administrative, s'il résulte de l'abatage que cet animal n'était pas atteint de tuberculose.

Il est alloué aux propriétaires des animaux abattus pour cause de *peste bovine*, une indemnité des trois quarts de leur valeur avant la maladie.

L'indemnité allouée aux propriétaires des animaux abattus pour cause de *péripneumonie contagieuse* ou morts par suite de l'inoculation est réglée comme suit :

1° la moitié de leur valeur avant la maladie s'ils en sont reconnus atteints,

2° les trois quarts s'ils ont seulement été contaminés,

3° la totalité s'ils sont morts des suites de l'inoculation.

L'indemnité accordée ne peut dépasser la somme de 400 francs pour la moitié de la valeur de l'animal, celle de 600 francs pour les trois quarts, et celle de 800 francs pour la totalité de la valeur.

Depuis la loi du 14 janvier 1905, il est alloué aux propriétaires d'animaux abattus pour cause de *morve* ou de *farcin*, une indemnité des trois quarts de la valeur qu'avait l'animal avant la maladie, sans que cette indemnité puisse dépasser la somme de 750 fr.

8

Comment est-il procédé à l'évaluation des indemnités à accorder aux propriétaires?

Avant l'exécution de l'ordre d'abatage il est procédé à une évaluation des animaux par le vétérinaire délégué et un expert désigné par le propriétaire intéressé.

A défaut par ce propriétaire de désigner un expert, le vétérinaire opère seul. Il est dressé procès-verbal de l'expertise, le maire le contresigne et donne son avis.

9

A qui doit être adressée ensuite la demande d'indemnité? Et dans quel délai?

La demande d'indemnité doit être adressée au Ministre de l'Agriculture dans le délai de trois mois à dater du jour de l'abatage sous peine de déchéance.

L'indemnité est fixée par le Ministre sauf recours, par le propriétaire, s'il le juge utile, en Conseil d'Etat.

✱✱✱✱✱✱✱✱

LOI DU 9 AVRIL 1898

SUR LES

ACCIDENTS DU TRAVAIL

complétée et modifiée

par les Lois des 30 Juin 1899, 22 Mars 1902 et 31 Mars 1905.

> *Le vœu du législateur et le véritable
> office de cette Loi, n'est pas de séparer
> le patron de l'ouvrier, mais au con-
> traire de les rapprocher, de resserrer
> les liens déjà si étroits de leur coopé-
> ration journalière et de leur inculquer
> de plus en plus dans la concorde et la
> paix les principes de confiance et de
> solidarité qui doivent régler leurs
> rapports.*

TITRE PREMIER

Indemnités en Cas d'Accidents

ARTICLE PREMIER

Les *accidents survenus* par le fait du travail *aux ouvriers et employés* occupés dans l'industrie du bâtiment, les usines, les manu-
factures, chantiers, les entreprises de transport par terre et par eau,
de chargement et de déchargement, les magasins publics, mines,
minières, carrières, et, en outre dans toute exploitation ou partie
d'exploitation dans laquelle sont fabriquées ou mises en œuvre des
matières explosives, ou dans lesquelles il est fait usage d'une ma-
chine mue par une force autre que celle de l'homme ou des animaux
donnent droit, au profit de la victime ou de ses représentants, à une
indemnité à la charge du chef de l'entreprise, à la condition que
l'interruption de travail ait duré plus de quatre jours. — Les ouvriers
qui travaillent seuls d'ordinaire ne pourront être assujettis à la présente loi par le fait de la collaboration accidentelle d'un ou de plu-
sieurs de leurs camarades.

ART. 2

Les ouvriers et employés désignés à l'article précédent ne peuvent
se prévaloir, à raison des accidents dont ils sont victimes dans leur
travail, d'aucunes dispositions autres que celles de la présente loi.
— Ceux dont le salaire annuel dépasse deux mille quatre cents francs
(2.400 fr.), ne bénéficient de ces dispositions que jusqu'à concurrence

de cette somme. Pour le surplus, ils n'ont droit qu'au quart des rentes stipulées à l'article 3, à moins de conventions contraires élevant le chiffre de la quotité.

Art. 3 (Loi du 31 mars 1905).

Dans les cas prévus à l'article 1er, l'ouvrier ou employé a droit :

« Pour l'incapacité absolue et permanente à une rente égale aux deux tiers de son salaire annuel ;

« Pour l'incapacité partielle et permanente, à une rente égale à la moitié de la réduction que l'accident aura fait subir au salaire.

« Pour l'incapacité temporaire, si l'incapacité de travail a duré plus de quatre jours, à une indemnité journalière, sans distinction entre les jours ouvrables et les dimanches et jours fériés, égale à la moitié du salaire touché au moment de l'accident, à moins que le salaire ne soit variable ; dans ce dernier cas, l'indemnité journalière est égale à la moitié du salaire moyen des journées de travail pendant le mois qui a précédé l'accident. L'indemnité est due à partir du cinquième jour après celui de l'accident ; toutefois elle est due à partir du premier jour si l'incapacité de travail a duré plus de dix jours. L'indemnité journalière est payable aux époques et lieu de paye usités dans l'entreprise, sans que l'intervalle puisse excéder seize jours.

« Lorsque l'accident est suivi de mort, une pension est servie aux personnes ci-après désignées, à partir du décès, dans les conditions suivantes :

« a) Une rente viagère égale à 20 pour 100 du salaire annuel de la victime pour le conjoint survivant non divorcé ou séparé de corps, à la condition que le mariage ait été contracté antérieurement à l'accident.

« En cas de nouveau mariage, le conjoint cesse d'avoir droit à la rente mentionnée ci-dessus ; il lui sera alloué, dans ce cas, le triple de cette rente à titre d'indemnité totale.

« b) Pour les enfants, légitimes ou naturels, reconnus avant l'accident, orphelins de père ou de mère, âgés de moins de seize ans, une rente calculée sur le salaire annuel de la victime, à raison de 15 pour 100 de ce salaire s'il n'y a qu'un enfant, de 25 pour 100 s'il y en a deux, de 35 pour 100 s'il y en a trois, et de 40 pour 100 s'il y en a quatre ou un plus grand nombre.

« Pour les enfants, orphelins de père et de mère, la rente est portée pour chacun d'eux à 20 pour 100 du salaire.

L'ensemble de ces rentes, ne peut, dans le premier cas, dépasser 40 pour 100 du salaire ni 60 pour 100 dans le second.

« c) Si la victime n'a ni conjoint ni enfant dans les termes des paragraphes A et B, chacun des ascendants et descendants qui étaient à sa charge recevra une rente viagère pour les ascendants et payable jusqu'à seize ans pour les descendants.

Cette rente sera égale à 10 pour 100 du salaire annuel de la victime, sans que le montant total des rentes ainsi allouées puisse dépasser 30 pour 100.

Chacune des rentes prévues par le paragraphe C, est, le cas échéant, réduite proportionnellement.

« Les rentes constituées en vertu de la présente loi sont payables à la résidence du titulaire ou au chef-lieu de canton de cette résidence, et si elles sont servies par la caisse nationale des retraites, chez le préposé de cet établissement désigné par le titulaire.

« Elles sont payables par trimestre et à terme échu : toutefois, le Tribunal peut ordonner le paiement d'avance de la moitié du premier arrérage.

« Ces rentes sont incessibles et insaisissables.

« Les ouvriers étrangers, victimes d'accidents, qui cesseraient de résider sur le territoire français, recevront, pour toute indemnité, un capital égal à trois fois la rente qui leur avait été allouée.

Il en sera de même pour les ayants-droit étrangers, cessant de résider sur le territoire français, sans que toutefois le capital puisse alors dépasser la valeur actuelle de la rente d'après le tarif versé à l'article 28.

« Les représentants étrangers d'un ouvrier étranger ne recevront aucune indemnité si, au moment de l'accident, ils ne résidaient pas sur le territoire français.

« Les dispositions des trois alinéas précédents pourront, toutefois, être modifiées par traités dans la limite des indemnités prévues au présent article, pour les étrangers dont les pays d'origine garantiraient à nos nationaux des avantages équivalents.

ART. 4 (Loi du 31 mars 1905).

Le chef d'entreprise supporte, en outre, les frais médicaux et pharmaceutiques et les frais funéraires. Ces derniers sont évalués à la somme de 100 francs au maximum.

« La victime peut toujours faire choix elle-même de son médecin et de son pharmacien. Dans ce cas, le chef d'entreprise ne peut être tenu des frais médicaux et pharmaceutiques que jusqu'à concurrence de la somme fixée par le juge de paix du canton où est survenu l'accident, conformément à un tarif qui sera établi par arrêté du Ministre du Commerce, après avis d'une commission spéciale comprenant des représentants de syndicats de médecins et de pharmaciens de syndicats professionnels ouvriers et patronaux, des sociétés d'assurances contre les accidents du travail et des syndicats de garantie et qui ne pourra être modifiée qu'à intervalles de deux ans.

« Le chef d'entreprise est seul tenu dans tous les cas, en outre des obligations contenues en l'article 3, des frais d'hospitalisation qui, tout compris, ne pourront dépasser le tarif établi pour l'application de l'article 24 de la loi du 15 juillet 1893 majoré de 50 pour 100, ni excéder jamais 4 francs par jour pour Paris, ou 3 fr. 50 partout ailleurs.

« Les médecins et pharmaciens ou les établissements hospitaliers pourront actionner directement le chef d'entreprise.

« Au cours du traitement, le chef d'entreprise pourra désigner au juge de paix un médecin chargé de le renseigner sur l'état de la victime. Cette désignation, dûment visée par le juge de paix, donnera audit médecin accès hebdomadaire auprès de la victime en présence du médecin traitant, prévenu deux jours à l'avance par lettre recommandée.

« Faute par la victime de se présenter à cette visite, le paiement de l'indemnité journalière sera suspendu par décision du juge de paix, qui convoquera la victime par simple lettre recommandée.

« Si le médecin certifie que la victime est en état de reprendre son travail et que celle-ci le conteste, le chef d'industrie peut, lorsqu'il s'agit d'une incapacité temporaire, requérir du juge de paix une expertise médicale qui devra avoir lieu dans les cinq jours.

ART. 5.

Les chefs d'entreprise peuvent se décharger pendant les 30, 60 ou 90 premiers jours à partir de l'accident, de l'obligation de payer aux victimes les frais de maladie et l'indemnité temporaire, ou une partie seulement de cette indemnité, comme il est spécifié ci-après, s'ils justifient : 1° Qu'ils ont affilié leurs ouvriers à des sociétés de secours mutuels et pris à leur charge une quote part de la cotisation qui aura été déterminée d'un commun accord, et en se conformant aux statuts-type approuvés par le ministre compétent, mais qui ne devra être inférieure au tiers de cette cotisation ; — 2° que ces sociétés assurent à leurs membres pendant 30, 60 ou 90 jours, les soins médicaux et pharmaceutiques et une indemnité journalière. — Si l'indemnité journalière servie par la société est inférieure à la moitié du salaire quotidien de la victime, le chef d'entreprise est tenu de lui verser la différence.

ART. 6

(Concerne les exploitations minières).

ART. 7.

Indépendamment de l'action résultant de la présente loi, la victime ou ses représentants conservent contre les auteurs de l'accident, autres que le patron ou ses ouvriers et préposés, le droit de réclamer la réparation du préjudice causé, conformément aux règles du droit commun. — L'indemnité qui leur sera allouée exonèrera à due concurrence le chef de l'entreprise des obligations mises à sa charge. Dans le cas où l'accident a entraîné une incapacité permanente ou la mort, cette indemnité devra être attribuée sous forme de rentes servies par la Caisse nationale des retraites. — En outre de cette allocation sous forme de rente, le tiers reconnu responsable pourra être condamné, soit envers la victime, soit envers le chef de l'entreprise, si celui-ci intervient dans l'instance au paiement des autres indemnités et frais prévus aux articles 3 et 4 ci-dessus. — Cette action contre les tiers responsables pourra même être exercée par le chef d'entreprise, à ses risques et périls, au lieu et place de la victime ou de ses ayants-droit, si ceux-ci négligent d'en faire usage.

ART. 9

Le salaire servant de base à la fixation de l'indemnité allouée à l'ouvrier âgé de moins de seize ans ou à l'apprenti victime d'un accident ne sera pas inférieur au salaire le plus bas des ouvriers valides occupés dans l'entreprise. — Toutefois dans le cas d'incapacité temporaire l'indemnité de l'ouvrier âgé de moins de 16 ans ne pourra pas dépasser le montant de son salaire.

ART. 9.

Lors du règlement définitif de la rente viagère, après le délai de revision prévu par l'article 19 la victime peut demander que le quart au plus du capital nécessaire à l'établissement de cette rente, calculé d'après les tarifs dressés pour les victimes d'accidents par la Caisse de retraites pour la vieillesse, lui soit attribué en espèces. — Elle peut aussi demander que ce capital, ou ce capital réduit du quart au plus, comme il vient d'être dit, serve à constituer sur sa tête une rente viagère réversible pour moitié au plus, sur la tête de son conjoint. Dans ce cas, la rente viagère sera diminuée de façon qu'il ne résulte de la réservibilité aucune augmentation de charges pour le chef de l'entreprise. — Le Tribunal en la chambre du conseil statuera sur ces demandes.

ART. 10 (Loi du 31 mars 1905).

Le salaire servant de base à la fixation des rentes s'entend, pour l'ouvrier occupé dans l'entreprise pendant les douze mois avant l'accident, de la rémunération effective qui lui a été allouée pendant ce temps, soit en argent, soit en nature.

Pour les ouvriers occupés pendant moins de douze mois avant l'accident, il doit s'entendre de la rémunération effective qu'ils ont reçue depuis leur entrée dans l'entreprise, augmentée de la rémunération qu'ils auraient pu recevoir pendant la période de travail nécessaire pour compléter les douze mois, d'après la rémunération moyenne des ouvriers de la même catégorie pendant la dite période.

Si le travail n'est pas continu, le salaire annuel est calculé, tant d'après la rémunération reçue pendant la période d'activité que d'après le gain de l'ouvrier pendant le reste de l'année.

Si pendant les périodes visées aux alinéas précédents, l'ouvrier a chômé exceptionnellement et pour des causes indépendantes de sa volonté, il est fait état du salaire moyen qui eût correspondu à ces chômages.

TITRE II

Déclaration des Accidents et Enquête

ART. 11

Tout accident ayant occasionné une incapacité de travail doit être déclaré dans les 48 heures, non compris les dimanches et jours fériés par le chef d'entreprise ou ses préposés, au maire de la commune qui en dresse procès-verbal et en délivre immédiatement récépissé. — La déclaration et le procès-verbal doivent indiquer dans la forme réglée par décret, les nom, qualité et adresse du chef d'entreprise, le lieu précis, l'heure et la nature de l'accident, les circonstances dans lesquelles il s'est produit, la nature des blessures, les nom et adresse des témoins. — Dans les 4 jours qui suivent l'accident, si la victime n'a pas repris son travail, le chef d'entreprise doit déposer à la mairie, qui lui en délivre immédiatement récépissé, un certificat de médecin indiquant l'état de la victime, les suites probables de l'accident, et l'époque à laquelle il sera possible d'en connaître un résultat définitif. — La déclaration d'accident pourra être faite dans les mêmes conditions par la victime ou ses représentants jusqu'à l'expiration de l'année qui suit l'accident. — Avis de l'accident, dans les formes réglées par décret, est donné immédiatement par le maire à l'inspecteur départemental du travail ou à l'ingénieur des mines chargé de la surveillance de l'entreprise. — L'article 15 de la loi du 2 novembre 1892 et l'article 11 de la loi du 12 juin 1893, cessent d'être applicables dans les cas visés par la présente loi.

ART. 12

Dans les 24 heures qui suivent le dépôt du certificat, et au plus tard dans les cinq jours qui suivent la déclaration de l'accident, le maire transmet au juge de paix du canton où l'accident s'est produit la déclaration et soit le certificat médical, soit l'attestation qu'il n'a pas été produit de certificat. — Lorsque, d'après le certificat médical produit, en exécution du paragraphe précédent ou transmis ultérieurement par la victime à la justice de paix, la blessure paraît devoir entraîner la mort ou une incapacité permanente, absolue ou partielle de travail, ou lorsque la victime est décédée, le juge de paix dans les 24 heures procède à une enquête à l'effet de rechercher :

1° La cause, la nature et les circonstances de l'accident; 2° Les personnes victimes et le lieu où elles se trouvent, le lieu et la date de leur naissance; 3° La nature des lésions; 4° Les ayants droit pouvant, le cas échéant, prétendre à une indemnité, le lieu et la date de leur naissance; 5° Le salaire quotidien et le salaire annuel des victimes; 6° La société d'assurances à laquelle le chef d'entreprise était assuré ou le syndicat de garantie auquel il était affilié.

Les allocations tarifées pour le juge de paix et son greffier sont avancées par le Trésor.

ART. 13.

L'enquête a lieu contradictoirement dans les formes prescrites par les articles 35, 36, 37, 38 et 39 du code de procédure civile, en présence des parties intéressées ou celles-ci convoquées d'urgence par lettre recommandée. — Le juge de paix doit se transporter auprès de la victime de l'accident qui se trouve dans l'impossibilité d'assister à l'enquête. — Lorsque le certificat médical ne lui paraîtra pas suffisant, le juge de paix pourra désigner un médecin pour examiner le blessé. — Il peut aussi commettre un expert pour assister à l'enquête Sauf les cas d'impossibilité matérielle dûment constatés dans le procès-verbal, l'enquête doit être close dans le plus bref délai et, au plus tard, dans les dix jours à partir de l'accident. Le juge de paix avertit, par lettre recommandée, les parties de la clôture de l'enquête et du dépôt de la minute au greffe, où elles pourront, pendant un délai de cinq jours, en prendre connaissance et s'en faire délivrer une expédition affranchie de timbre et de l'enregistrement. A l'expiration de ce délai de 5 jours, le dossier de l'enquête est transmis au président du tribunal civil de l'arrondissement.

ART. 14.

Sont punis d'une amende de un à quinze francs, les chefs d'industrie ou leurs préposés qui ont contrevenu aux dispositions de l'article

11. — En cas de récidive dans l'année, l'amende peut être élevée de 16 à 300 francs. — L'article 463 du code pénal est applicable au contraventions prévues par le présent article.

TITRE III

Compétence, Juridictions, Procédure, Révision

ART. 15 (Loi du 31 mars 1905).

Sont jugées en dernier ressort par le juge de paix du canton où l'accident s'est produit. A quelque chiffre que la demande puisse s'élever et dans les quinze jours de la demande, les contestations relatives tant aux frais funéraires qu'aux indemnités temporaires.

Les indemnités temporaires sont dues jusqu'au jour du décès ou jusqu'à la consolidation de la blessure, c'est-à-dire jusqu'au jour où la victime se trouve, soit complètement guérie, soit définitivement atteinte d'une incapacité permanente ; elles continuent, dans ce dernier cas, à être servies jusqu'à la décision définitive prévue à l'article suivant, sous réserve des dispositions du quatrième alinéa du dit article.

Si l'une des parties soutient, avec un certificat médical à l'appui, que l'incapacité est permanente, le juge de paix doit se déclarer incompétent par une décision dont il transmet dans les trois jours, expédition au président du Tribunal civil. Il fixe en même temps, s'il ne l'a fait antérieurement, l'indemnité journalière.

Le juge de paix connaît des demandes relatives au paiement des frais médicaux et pharmaceutiques jusqu'à 300 francs en dernier ressort et à quelque chiffre que la demande s'élève, à charge d'appel dans la quinzaine de la décision.

Les décisions du juge de paix relatives à l'indemnité journalière sont exécutoires, nonobstant opposition. Ces décisions sont susceptibles de recours en cassation pour violation de la loi. Lorsque l'accident s'est produit en pays étranger, le juge de paix compétent dans les termes de l'article 12 et du présent article, est celui du canton où est situé l'établissement auquel est attachée la victime, ...

ART. 16 (Loi du 31 mars 1905).

En ce qui touche les autres indemnités prévues par la présente loi, le Président du Tribunal civil de l'arrondissement, dans les 5 jours de la transmission du dossier, si la victime est décédée avant la clôture de l'enquête ou, dans le cas contraire, dans les 5 jours de la production par la partie la plus diligente, soit de l'acte de décès, soit d'un accord écrit des parties reconnaissant le caractère permanent de l'incapacité, ou bien de la réception de la décision du juge de paix visée au troisième alinéa de l'article précédent, ou enfin s'il n'a été saisi d'aucune de ces pièces, dans les 5 jours précédant l'expiration du délai de prescripion prévu à l'article 18, lorsque la date de cette expiration lui est connue, convoque la victime ou ses avants-droit, le chef d'entreprise qui peut se faire représenter, et, s'il y a assurance, l'assureur. Il peut, du consentement des parties, commettre un expert dont le rapport doit être déposé dans le délai de huitaine.

En cas d'accord entre les parties, conforme aux prescriptions de la présente loi, l'indemnité est définitivement fixée par l'ordonnance du Président qui en donne acte en indiquant, sous peine de nullité, le salaire de base et la réduction que l'accident aura fait subir au salaire

En cas de désaccord, les parties sont renvoyées à se pourvoir devant le Tribunal qui est saisi par la partie la plus diligente et statue comme en matière sommaire. Son jugement est exécutoire par provision.

En ce cas, le président, par son ordonnance de renvoi et sans appel peut substituer à l'indemnité journalière une provision inférieure au demi-salaire, ou, dans la même limite, allouer une provision aux ayants-droit. Ces provisions peuvent être allouées ou modifiées en cours d'instance par voie de référé sans appel. Elles sont incessibles et insaisissables, et payables dans les mêmes conditions que l'indemnité journalière. Les arrérages des rentes courent à partir du jour du décès ou de la consolidation de la blessure, sans se cumuler avec l'indemnité journalière ou la provision. Dans le cas où le montant de l'indemnité ou de la provision excède les arrérages dûs jusqu'à la date de la fixation de la rente, le Tribunal peut ordonner que le surplus sera précompté sur les arrérages ultérieurs dans la proportion qu'il détermine.

S'il y a assurance, l'ordonnance du président ou le jugement fixant la rente allouée spécifie que l'assureur est subsitué au chef d'entreprise dans les termes du titre IV de façon à supprimer tout recours de la victime contre le dit chef d'entreprise.

ART. 17.

Les jugements rendus en vertu de la présente loi sont susceptibles d'appel selon les règles du droit commun. Toutefois, l'appel, sous réserve des dispositions de l'article 449 du code de procédure civile devra être interjeté dans les 30 jours de la date du jugement s'il est contradictoire, et, s'il est par défaut, dans la quinzaine à partir du jour où l'opposition ne sera plus recevable. — L'opposition ne sera plus recevable en cas de jugement par défaut, contre partie, lorsque le jugement aura été signifié à personne, passé le délai de quinze jours à partir de cette signification. La cour statuera d'urgence dans le mois de l'acte d'appel. Les parties pourront se pourvoir en cassation. Toutes les fois qu'une expertise médicale sera ordonnée, soit par le juge de paix, soit par le Tribunal ou par la cour d'appel, l'expert ne pourra être le médecin qui a soigné le blessé, ni un médecin attaché à l'entreprise ou à la société d'assurance à laquelle le chef d'entreprise est affilié.

ART. 18.

L'action en indemnité prévue par la présente loi se prescrit par un an à dater du jour de l'accident ou de la clôture de l'enquête par le juge de paix, ou de la cessation de l'indemnité temporaire.

ART. 19.

La demande en révision de l'indemnité fondée sur une aggravation ou une atténuation de l'infirmité de la victime, ou son décès par suite des conséquences de l'accident, est ouverte pendant trois ans à compter soit de la date à laquelle cesse d'être due l'indemnité journalière, s'il n'y a point eu attribution de rente, soit de l'accord intervenu entre les parties ou de la décision judiciaire passée en force de chose jugée, même si la pension a été remplacée par un capital en conformité de l'article 21.

Dans tous les cas, sont applicables à la révision, les conditions de compétence et de procédure fixées par les articles 16, 17 et 22. Le Frésident du Tribunal est saisi par voie de simple déclaration au greffe.

S'il y a accord entre les parties, conforme aux prescriptions de la présente loi, le chiffre de la rente revisée est fixé par ordonnance du Président, qui donne acte de cet accord en spécifiant, sous peine de nullité, l'aggravation ou l'atténuation de l'infirmité.

En cas de désaccord, l'affaire est renvoyée devant le Tribunal qui est saisi par la partie la plus diligente et qui statue comme en matière sommaire et ainsi qu'il est dit à l'article 16.

Au cours des trois années pendant lesquelles peut s'exercer l'action en révision, le chef d'entreprise pourra désigner au Président du Tribunal, un médecin chargé de le renseigner sur l'état de la victime.

Cette désignation, dûment visée par le Président, donnera audit médecin accès trimestriel auprès de la victime. Faute par la victime de se prêter à cette visite, tout paiement d'arrérages sera suspendu par décision du Président qui convoquera la victime par simple lettre recommandée.

Les demandes prévues à l'article 9 doivent être portées devant le Tribunal au plus tard dans le mois qui suit l'expiration du délai imparti pour l'action en révision.

ART. 20.

Aucune des indemnités déterminées par la présente loi ne peut être attribuée à la victime qui a intentionnellement provoqué l'accident. — Le Tribunal a le droit, s'il est prouvé que l'accident est dû à une faute inexcusable de l'ouvrier, de diminuer la pension fixée au premier. — Lorsqu'il est prouvé que l'accident est dû à la faute du patron ou de ceux qu'il s'est substitué dans la direction, l'indemnité pourra être majorée, mais sans que la rente ou le total des rentes allouées puisse dépasser, soit la réduction, soit le montant du salaire annuel. — En cas de poursuites criminelles, les pièces de procédure seront communiquées à la victime ou à ses ayants-droit. — Le même droit appartiendra au patron ou à ses ayants-droit.

ART. 21. (Loi du 31 mars 1905).

Les parties peuvent toujours, après détermination du chiffre de l'indemnité due à la victime de l'accident, décider que le service de la pension sera suspendu et remplacé, tant que l'accord subsistera, par tout autre mode de réparation.

En dehors des cas prévus à l'article 3, la pension ne pourra être remplacée par le paiement d'un capital que si elle n'est pas supérieure à 100 francs et si le titulaire est majeur. Ce rachat ne pourra être effectué que d'après le tarif spécifié par la présente loi.

ART. 22.

Le bénéfice de l'assistance judiciaire est accordé de plein droit, sur le visa du Procureur de la République, à la victime de l'accident ou à ses ayants-droit devant le Président du Tribunal civil et devant le Tribunal. — Le bénéfice de l'assistance judiciaire s'applique de plein droit à l'acte d'appel. Le premier président de la Cour, sur la demande qui lui sera adressée à cet effet, désignera l'avoué près la Cour dont la constitution figurera dans l'acte d'appel et commettra un huissier pour le signifier. — Si la victime de l'accident se pourvoit devant le bureau de l'assistance judiciaire pour en obtenir le bénéfice en vue de toute la procédure d'appel, elle sera dispensée de fournir les pièces justificatives de son indigence.

Le bénéfice de l'assistance judiciaire s'étend de plein droit aux instance devant le juge de paix, à tous les actes d'exécution mobilière et immobilière et à toute contestation incidente à l'exécution des décisions judiciaires. — L'assisté devra faire déterminer par le bureau d'assistance judiciaire de son domicile la nature des actes et procédure d'exécution auxquels l'assistance s'appliquera.

TITRE IV

ART. 23, 24, 25, 26, 27 et 28

(Le texte de ces articles est applicable aux Compagnies d'assurances et à leurs garanties).

TITRE V

Dispositions Générales

ART. 29

Les procès-verbaux, certificats, acte de notoriété, signification, jugements et autres actes faits ou rendus en vertu et pour l'exécution de la présente loi, sont délivrés gratuitement, visés pour timbre et enregistrés gratis..........

ART. 30 (Loi du 31 mars 1905).

Toute convention contraire à la présente loi est nulle de plein droit. Cette nullité, comme la nullité prévue au deuxième alinéa de l'article 19 peut être poursuivie par tout intéressé devant le Tribunal visé aux dits articles.

Toutefois, dans ce cas, l'assistance judiciaire n'est accordée que dans les conditions de droit commun.

La décision qui prononce la nullité fera courir à nouveau, du jour où elle devient définitive, les délais impartis soit pour la prescription, soit pour la révision.

Sont nulles de plein droit et de nul effet les obligations contrac-tées, pour rémunération de leurs services, envers les intermédiaires qui se chargent, moyennant émoluments convenus à l'avance. d'as-surer aux victimes d'accidents ou à leurs ayants-droit le bénéfice des instances ou des accords prévus aux articles 15, 16, 17 et 19.

Est passible d'une amende de 16 à 300 francs et, en cas de réci-dive dans l'année de la condamnation, d'une amende de 500 à 2.000 francs, sous réserve de l'application de l'article 463 du Code pénal : 1º tout intermédiaire convaincu d'avoir offert les services spécifiés à l'alinéa précédent; 2º tout chef d'entreprise ayant opéré sur le sa-laire de ses ouvriers ou employés des retenues pour l'assurance des risques mis à sa charge par la présente loi; 3º toute personne qui, soit par menace de renvoi, soit par refus ou par menace de refus des indemnités dues en veru de la présente loi, a porté atteinte ou tenté de porter atteinte au droit de la victime de choisir son méde-cin; 4º tout médecin ayant, dans des certificats délivrés pour l'appli-cation de la présente loi, sciemment dénaturé les conséquences de l'accident.

ART. ...

Les chefs d'entreprise sont tenus, sous peine d'une amende de 1 à 15 francs de faire afficher dans chaque atelier la présente loi et les règlements d'administration, relatifs à son exécuion. — En cas de récidive dans la même année, l'amende sera de 16 à 100, francs.

Accidents des Exploitations Agricoles

(*Loi du 30 Juin 1899*)

ARTICLE UNIQUE

Les accidents occasionnés par l'emploi de machines agricoles mues par des moteurs inanimés et dont sont victimes, par le fait ou à l'occasion du travail, les personnes, quelles qu'elles soient, occu-pées à la conduite ou au service de ces moteurs ou machines, sont à la charge de l'exploitant du dit moteur. — Est considéré comme exploitant, l'individu ou la collectivité qui dirige le moteur ou le fait diriger par ses préposés.

Si la victime n'est pas salariée ou n'a pas un salaire fixe, l'indem-nité due est calculée selon les tarifs de loi du 9 avril 1898, d'a-près le salaire moyen des ouvriers agricoles de la commune.

En dehors des cas ci-dessus, la loi du 9 avril 1898 n'est pas ap-plicable à l'agriculture.

TABLE DES MATIÈRES

PAGES

Préface **3**

CHAPITRE PREMIER — Abeilles **5**

» II — Bans **6**

» III — Bois............................ **6**

» IV — Bail de Métairie à Colonage........ **7**

» V — Bail d'un Jardin..., d'une Terre..., Bail à Complant.............. **13**

» VI — Bail à Ferme.................... **14**

» VII — Bail à Loyer..................... **16**

» VIII — Clôtures, Murs, Haies, Fossés....... **17**

» IX — Cours d'Eau.................... **18**

» X — Domestiques et Nourrices.......... **19**

» XI — Maitre-Valet.................... **20**

» XII — Ouvriers des Usines..., Agricoles, Journaliers.................... **21**

» XIII — Parcours et Vaine Pâture....... ... **22**

» XIV — Plantations d'Arbres et Haies....... **22**

» XV — Servitudes...................... **23**

» XVI — Vente de Bestiaux................. **24**

» XVII — Usages Divers................... **25**

Vices Rédhibitoires des Animaux.... **27**

Epizooties ou Maladies Contagieuses des Animaux................... **29**

Police Sanitaire des Animaux........ **30**

Accidents du Travail....... **35**

Accidents Agricoles...... **45**

www.ingramcontent.com/pod-product-compliance
Lightning Source LLC
Chambersburg PA
CBHW071349200326
41520CB00013B/3168